ये, वो और तुम

गुजरे लम्हे अनकही बाते

AF080652

उमा कपूर

BlueRose ONE .com
Stories Matter
NewDelhi • London

BLUEROSE PUBLISHERS
India | U.K.

Copyright © Uma Kapoor 2024

All rights reserved by author. No part of this publication may be reproduced, stored in a retrieval system or transmitted in any form or by any means, electronic, mechanical, photocopying, recording or otherwise, without the prior permission of the author. Although every precaution has been taken to verify the accuracy of the information contained herein, the publisher assumes no responsibility for any errors or omissions. No liability is assumed for damages that may result from the use of information contained within.

BlueRose Publishers takes no responsibility for any damages, losses, or liabilities that may arise from the use or misuse of the information, products, or services provided in this publication.

For permissions requests or inquiries regarding this publication, please contact:

BLUEROSE PUBLISHERS
www.BlueRoseONE.com
info@bluerosepublishers.com
+91 8882 898 898
+4407342408967

ISBN: 978-93-6261-397-4

Cover Design: Sadhna Kumari
Typesetting: Pooja Sharma

First Edition: July 2024

ये कविताएं मेरे जीवन के संघर्ष से उत्पन्न हुई हैं मन की टीसो को जब,शब्दों की चोटों से ठोकर लगती हे तो वही घायल शब्द आपस में मिल कर एक कविता की रचना करते हैं, यही रचना एक तरीका है अपने दर्द को परिभाषित करने का। मुझे जीवन में आगे बढ़ने के लिए मेरे बच्चों ने, मेरे सहयोगियों ने,और मेरे सबसे ज्यादा हितैषी, डॉ एन बेनर्जी, जिन्होंने मेरे गॉड फादर की तरह मुझे मार्गदर्शन दिया ,जीवन के संघर्षों से लड़ना सिखाया, आगे बढ़ने के लिए प्रोत्साहित किया, कल्पनाओं में रंग भरना सिखाया, और तभी मे अपने शब्दों को कविता में ढाल सकी। आशा करती हूँ की आप सभी साथियो को मेरा ये कविता संग्रह पसंद आयेगा, आभारी हूं में अपने बच्चों की, अपने सहयोगियों की,और डॉ एन बेनर्जी की, की जिन्होंने मेरी कल्पनाओं को पंख दिए। पर फिर भी 👉की संघर्ष इक पल का नहीं, संघर्ष उम्र भर का है, मिलता नहीं है छोर भी ,संघर्ष है अभी और भी 🙏

उमा कपूर

मैं
तुम्हारी आकांक्षा नहीं
कि,
उठा दो मुझे अनंत आकाश में,
मैं
तुम्हारी कल्पना नहीं
कि,
सुला दो मुझे स्वप्न लोक में,
मैं
कोई मौसम नहीं
कि,
जोड़ दो पतझड़ से मुझे,
मैं, तो हूं बंधन तुम्हारा
बांध लो बाहूपाश में

मेरे,
अंतस के सत्य में,
आत्मा की पुकार में,
भावनाओं के रूप और
अनुभूतियों में, प्रेरणा तुम्हारी
दूरियों को पाटती,
यादों को संवारती,
सासों में स्पंदन में,
प्राणों को संभालती चाहना तुम्हारी...

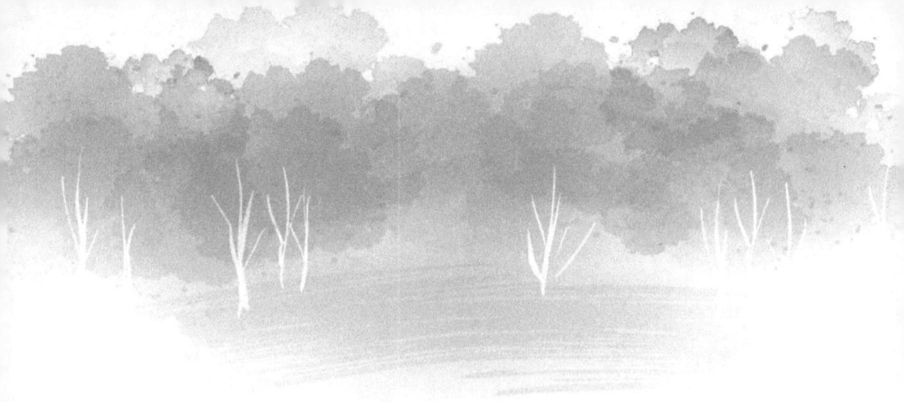

तुम्हें समर्पित,
खामोश इच्छाएं दबी आकांक्षाएं, फड़फड़ाती कल्पनाएं,
मासूम चाहत, ठंडा उत्साह गर्माता इंतजार,
घिसटती जिंदगी पर, पश्चाताप करता गुजरा वक्त,
और गुजरे वक्त पर, लगा हुआ एक प्रश्न चिन्ह...
कि आखिर सिर्फ मेरे ही साथ ऐसा क्यों.....?

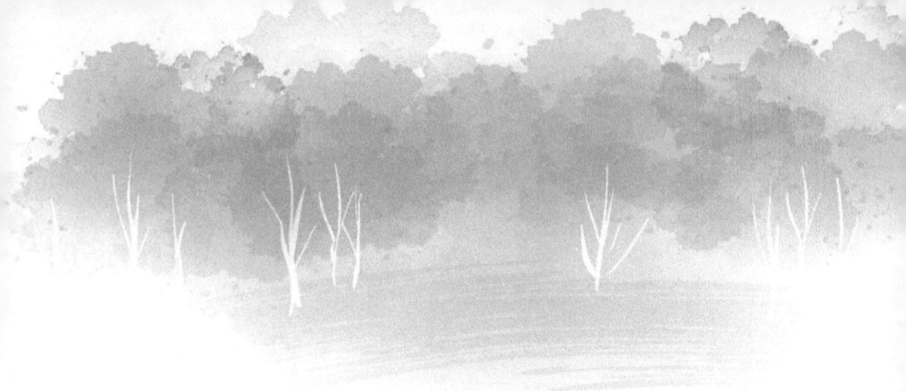

तुम्हारी याद आते ही, मेरी कांपने लगती है देह...
जलने लगती है आत्मा...
परेशान होता है मन....
कंपकपाने लगते है कदम.....
क्योंकि, मैं नहीं चाहती कि,
कोई छुए तुम्हारी देह को...
तुम्हारी पलकें उठें ,स्नेह को ....
कोई चुराए तुम्हारे शब्दों से मेरा प्यार....
मैं नहीं चाहती कि तुम्हारे हाथ,
सहलाएं अन्य देह को ...

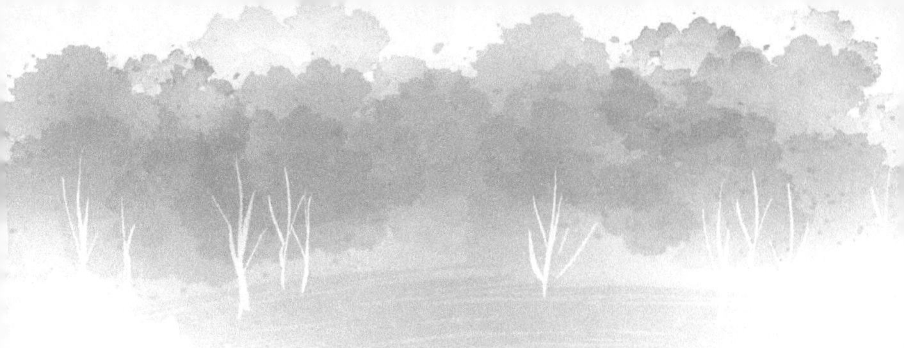

तुम मुझे खुल्ले में नहीं स्वीकार सकते....
एक दोस्त की तरह.....
एक परिचित की तरह ....
एक पत्नी की तरह...
बस चार दीवार के अंदर बना सकते हो तुम ,
एक ताजमहल........
ला सकते हो तोड़कर तुम, आसमान के
सब तारे ....
दिखा सकते हो स्वप्न...
लुटा सकते हो दुनियां ... क्योंकि
सफेदपोश हो तुम ,
आदर्शवादी हो तुम
महान इंसान हो तुम,
और तो और मर्यादा पुरूषोत्तम राम हो तुम....

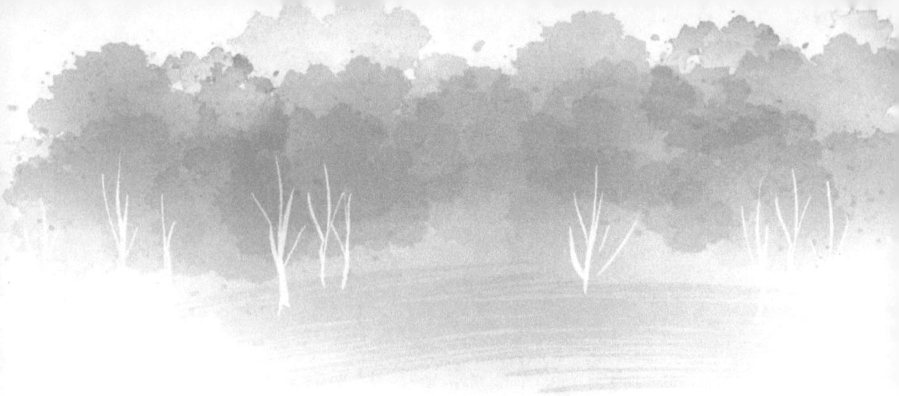

सवालों में उलझी जिंदगी और
जिंदगी का उलझा सवाल….
कि इतनी विशाल दुनिया में,
अब कोई सपना नहीं,
इतने विशाल आसमा में,
मुट्ठी भर अपना नहीं
छटपटाती जिंदगी में,
तह ब तह कतरे रहे,
उफनती हुई धड़कनों की,
अब कोई कल्पना नहीं…

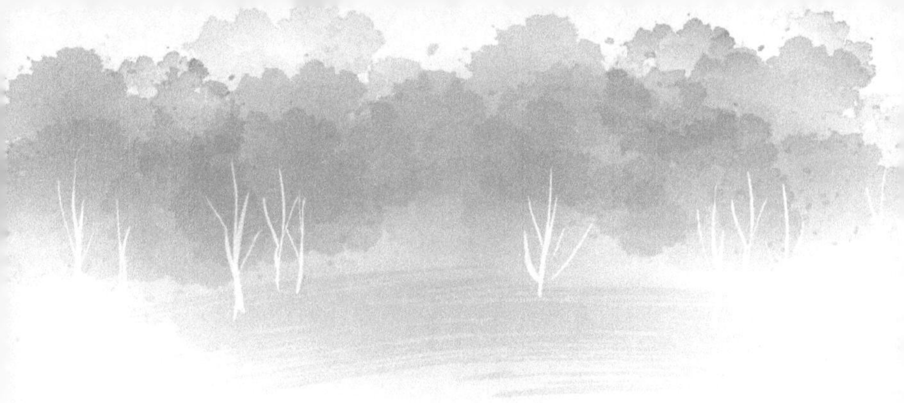

मैं जानती हूं कि मेरे दिल की जगह,
तुम हो सिर्फ तुम,
जब तुम्हारे दिल की बारी आई,
तो तुम, पूरे के पूरे
पाषाण हो गए...
एहसासों की बात क्या
तुम्हारे दिल ने भी
धड़कना छोड़ दिया ...

तुम्हारे लिए समर्पित मै, मेरी चाहत
मेरा जीवन, मेरा तन मन
और मेरे लिए तुम्हारे पास
सिर्फ कुछ पल....
और उन पलों में भी तुम तन मन से
बटे हुए... पूर्णतयः मेरे नहीं
बावजूद इसके, मेरा समर्पण,
सिर्फ तुम्हारे लिए...
और सिर्फ मेरे लिए
तुम्हारे पास क्या ....?
शायद कुछ भी नहीं .... ?

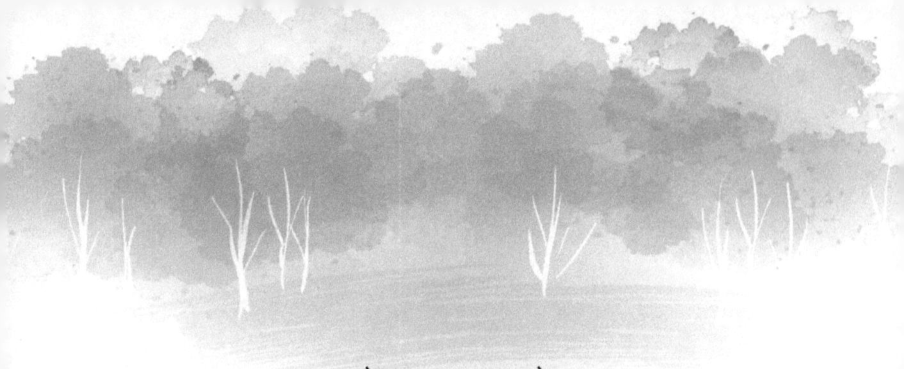

तुम्हारे एक आश्वासन ने,
मेरे अनेक विश्वासों को जन्म दिया..
और मैं तुम पर विश्वास करते-करते,
पूरी तरह लाचार हो गई ...
तुमने मेरी उसी लाचारी को,
अपना बाहुबल समझ....
आरोप दर आरोप लगा
अपने ही आश्वासन को,
खंडित कर दिया...
क्या..? वाकई मैं लाचार थी...?
उस आश्वासन को विश्वास का जामा
पहनाने के लिए ...?
या फिर तुम,
झूठे अहम् का शिकार थे ...?

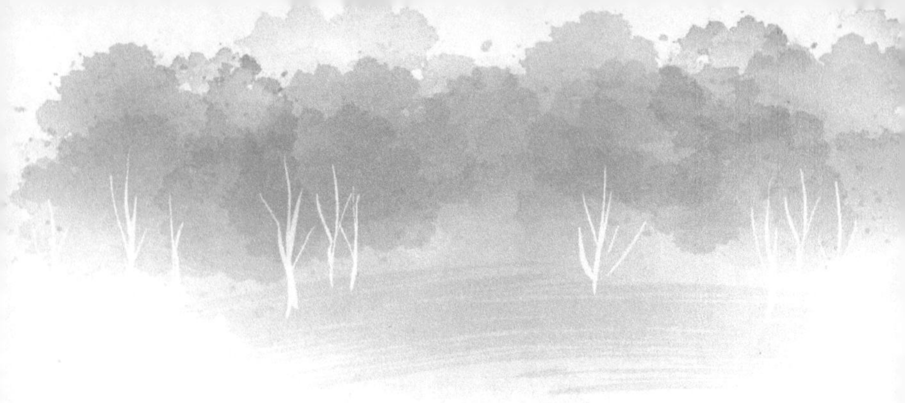

अपने अंतरंग संबंधों को,
वैधानिक आवरण पहनाने की,
कोशिश की....
पर
सारे प्रयास विफल हो गए,
शायद...
प्यार कम था विश्वास कम था
या फिर
उस आवरण में ही
कोई कमी थी ...

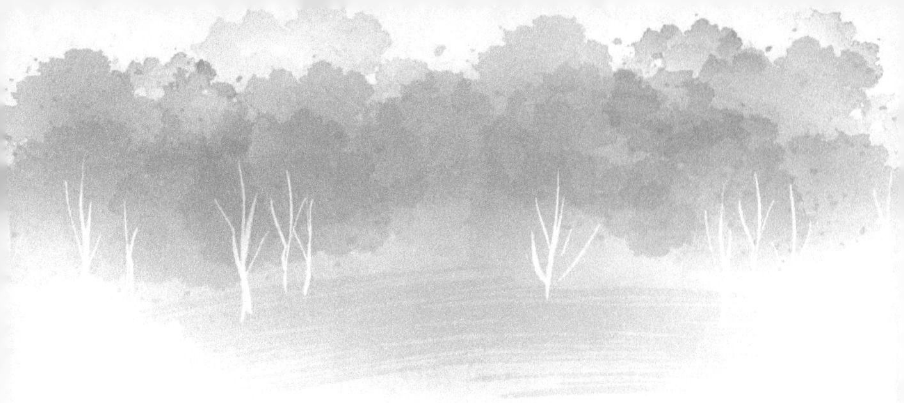

मेरे सवालों के प्रति
तुम्हारे मुखर जवाब…
हर बार एक कड़वे सच को,
उगलते हैं……
और प्रतिउत्तर में
पुनः एक सवाल छोड़ जाते हैं….
कि न जाने कब तक
मुझे लटके रहना है अधर में,
तुम्हारे लिए …
तुम्हारे लिए …

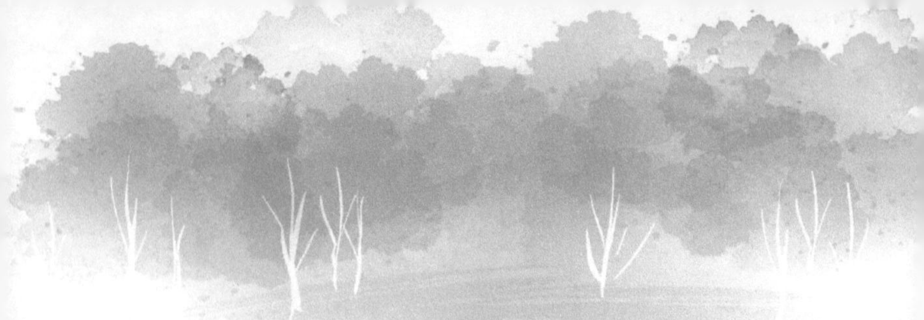

तुम,
क्या हो पता नहीं ....
तुम,
कौन हो पता नहीं...
तुम,
कैसे हो राम जाने ...
तुम,
क्यों हो, राम जाने....
तुम,
कहां हो, पता नहीं
तुम,
कब आओगे, पता नहीं
पर तुम,
जब भी आओ, तो सिर्फ मेरे लिए और
सिर्फ मेरे बनकर आना....
तुम्हारी मैं...... मेरे...... तुम...

कितनी खामोशी है तुम में.....
कितनी खामोशी है तुम्हारी बातो में...
कितनी गहराई है तुम्हारी आंखों में....
कितनी ठंडक है तुम्हारे हाथों में.....
कितनी आहट है तुम्हारे अपनेपन में.. आने की....
कितनी गरमी है, तुम्हारे नजदीक रहने की....
कितना स्नेह है, तुम्हारे स्पर्श में...
कितनी ममता है, तुम्हारी बांहों में..

चाहत का वृक्ष,
जो मैंने लगाया था हृदय में,
उसी की टहनियां,
सरोबार है चाहत के फलों से,
कि जाने अनजाने में,
कितने ही बुझाते हैं उन फलों से
अपनी तृष्णा....
एक मैं हूँ कि तृप्त रहती हूं
उसे दूर से निहारकर.....

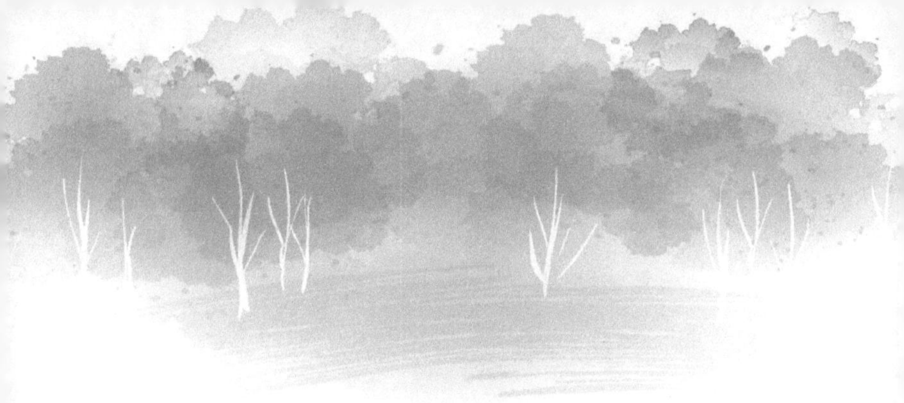

जिंदगी के मोड पर,
मृग तृष्णा से तुम मिले...
अक्षरों की प्यास को,
चाहत का अंजाम दे गए....

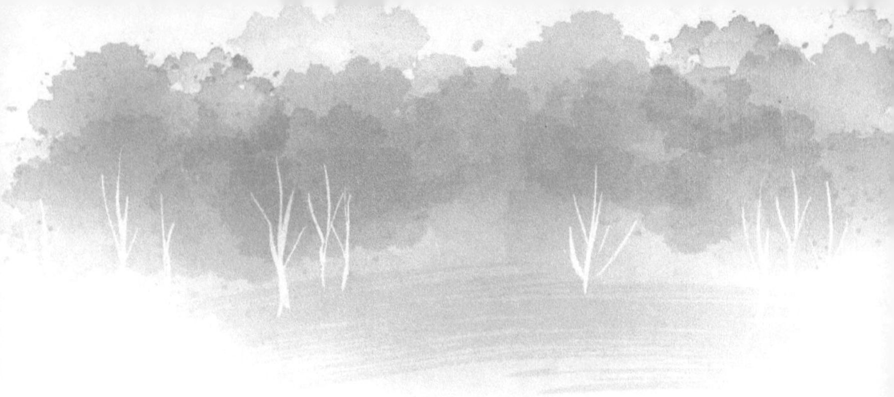

तुम
मुझमें कुछ ढूंढ़ते हो...
अंतस के अनंत में,
मैं हूं,
आहिस्ता-आहिस्ता पलता
तुम्हारा प्यार...

एक भ्रम तुम्हारी चाह का,
एक अनूभुति तुम्हारे एहसास की,
एक संबंध गुमनाम सा,
एक इंतजार चुपचाप सा,
एक बंधन अनजाना सा
एक तड़फ तुम्हारे नाम की...

एक सवाल सिर्फ तुमसे,
कि,
अगर तुम्हें नहीं चाहना था
तो,
दिले के दरवाजे पर दस्तक क्यों दी...?
अगर,
तुम्हें यूं ही लौट जाना था तो,
चाहत की नजर से क्यों देखा...?
अगर,
तुम्ने नहीं समझा अंतस की हलचल को तो,
शब्दों की व्याख्या क्यों की....?
अगर तुमने आत्मसमर्पण की चाहना को महसूस नहीं किया
तो,
स्पर्श की पीड़ा क्यों दी...?
आखिर क्यों, पाषाण रूपी कर्करता को,अंगीकार किया
कि मैं स्वयं मृगतृष्णा सी घायल हो गई ......

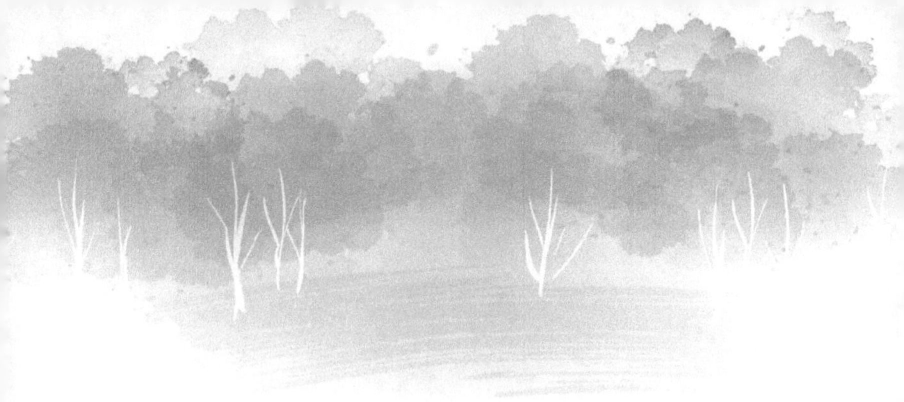

मैं एक शांत निर्झर सी नदी थी,
तुमको देखा तो झरनों सी बही थी...
राह पाने को भटकना और बहना,
जिंदगी में हर वक्त उलझन रही थी...
तुम्हारे लिए मन मैं यूं प्यार होना,
प्यार भी ऐसा कि अपरम्पार होना...
गम उठा के हर वक्त यूं ही हंसी मैं,
ऐसे ही जीवन का तार-तार होना...

तुम्हारी निश्छल बातें,
व तुम्हारे सम्पूर्ण अस्तित्व का,
प्यार पाने के लिए...
मैंने खुद को,
तुम्हें समर्पित कर दिया,
पर तुमने करार दिया
मुझे पागलपन का....

तुम्हें चाहने के बाद,
मैं तुम्हारे लिए,
कभी जलती हूं,
कभी जलकर पिघलती हूं.....
तो कभी पुनः
एकत्रित हो जाती हूं,
ढेर बन,
तुम्हें चाहने के लिए.....
मेरी चाहत की सजा,
इतनी ही काफी है कि,
मुझे बारम्बार जलना है,
या फिर,
आजीवन सुलगते रहना है,
तुम्हारे लिए....
सिर्फ तुम्हारे लिए....

घनी टीसों के, जंगल में,
बिखरा दिए, तुमने,
आश्वासनों के पत्ते ....
उसी एक पत्ते पर ,
कदम रखा तो,
चरमरा उठी जिंदगी की हकीकत,
कड़वे नीम के घूंट के एहसास की माफिक....
कि जिंदगी एक मीठा जहर है,
पी सको तो पी लो
अन्यथा,
ये नीम के कड़वे घूंट...
जीवन भर पीते रहना है मुझे,
एक कड़वे सच की तरह...

क्या किया गुनाह मैंने
बस चाहा ही तो है....
फिर क्यों...?
अकड़-अकड़ के इस जग में,
करते हो अपमान मेरा.....
काश कि, महसूस होती,
अश्रु की झंकार तुमको,
तो न करते इस तरह से ,
तुम कभी अनुसंधान मेरा .....

मैंने चाहत का बीज पाषाणों में नहीं,
हृदय में बोया था ....
तभी तो उभरी टीसें इतनी, सोचे इतनी.....
मैंने तो अपनी चाहत को, साकार किया था,
तभी तो उडी अनंत आकाश मैं,
और गिरी धरातल मैं......

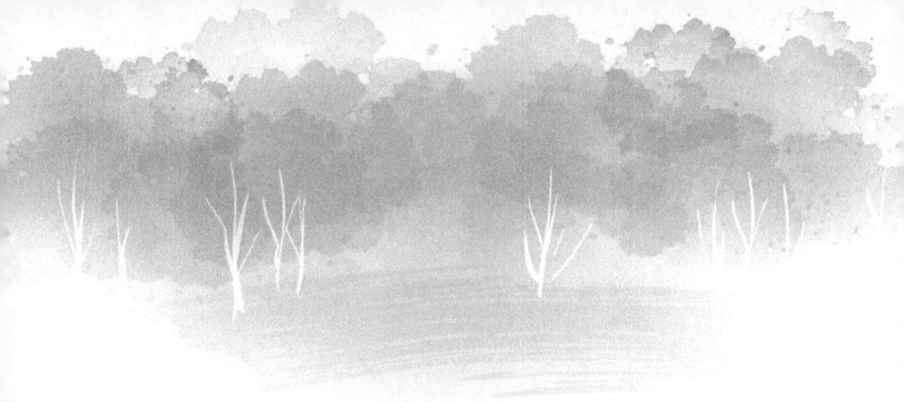

हमारे और तुम्हारे बीच,
एक समझौता मन का...
हमारे और तुम्हारे बीच,
एक स्पर्श तन का.....
हमारे और तुम्हारे बीच,
एक लहर विश्वास की....
हमारे और तुम्हारे बीच,
एक डोर प्यार की...
इसलिए,
तुम बनों भागीरथी तो
शिव जटा से,
गंगा बन मैं बह जाऊं...

राम की श्रद्धा कान्हा का प्यार हो तुम,
राधा की तड़फ मीरा का खुमार हो तुम ,
मर्यादाओं का उल्लंघन न कर पाओ तो,
मीरा तो खुमारी को भी न समझ पाओगे ...
तो फिर,
मीरा की खुमारी को नजर अंदाज कर,
राधा की तड़फ में डूब जाओ तुम,
हां लौट जाओ तुम, सब अब लौट
जाओ तुम......

धूप की मीठी चुभन, और तुम्हारा साया....
कांटों से घिरे गुलाब, और महकती काया..
नींद से बोझिल आंखें, और तुम्हारी उबासी.....
थकान से बोझिल तन, और तुम्हारी खामोशी...
टिमटिमाती हुई लौ, और भीगे से नयन...
नींद की मदहोशी,
और तुम्हारा शयन....
स्वप्नों की दुनिया,
और हिलौर लेता मेरा मन....
आओं देखे हम,
और मीठे से स्वप्न...

तुम्हें मालूम है कि,
न मैं तुम्हें,
द्रोपदी बन पुकारूंगी....
और न तुम रक्षा कर पाओगे,
ये धागा है,
प्रेम और विश्वास का,
बस तुम यूं ही प्रेम में बंधे रहो ....

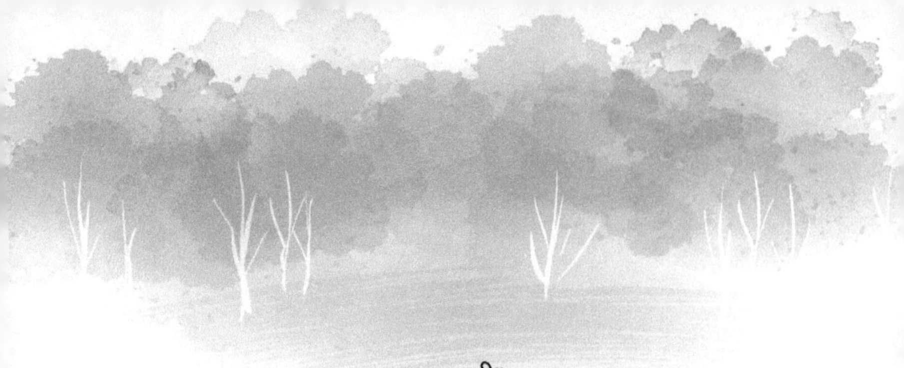

"सशक्त नारी"

घिरी गम में, घिरी तम मे,
बही हर दम आंसू की धार....
ये कैसी तड़फ उसकी,
की,
दम घुटता है बारम्बार....
शब्दों की श्रृंखला में,
दिए उसने अनेको नाम..
कि रोते रोते हृदय में,
बैठाया ,
बनाकर तुमको राम,
हां तुम ही मेरे राम हो...
तुम्हें मेरा कोशिशः नमन,
नमन मेरा स्वीकार करो....

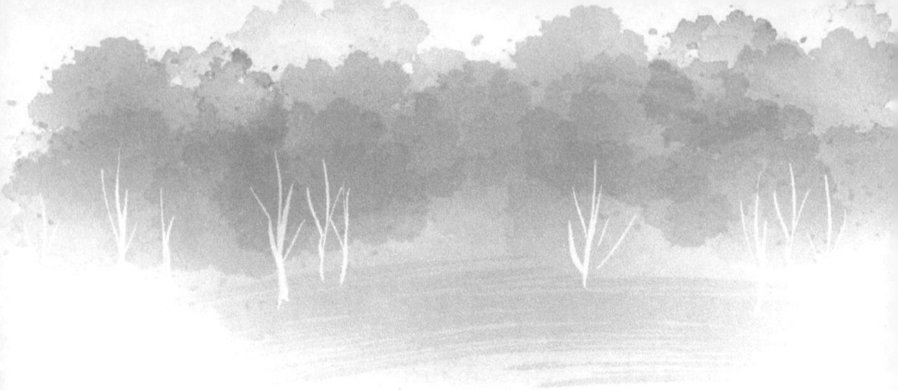

मैं,
इक कटी पतंग,
मेरी,
उलझी डोर हो,
तुम....

हमेशा मुझे तलाश रही सुख की, हमेशा,
मेरे दिल में तूफान उठता रहा.... हमेशा,
प्यास होठों तक आकर बुझती रही हमेशा
मेरे जजबातों में,
आग लगती रही....
मेरे,
सीने की तड़फ ने,
मुझे सोने न दिया...
इतने संघर्षमय जीवन में,
लोगों के सवालिया प्रश्न,
प्रश्नों पर प्रश्न, समझौतों और
तानों की,
बोझिल जिंदगी ने,
मेरी प्रतिष्ठा को,
आसमान से धरातल में,
लाकर पटक दिया..
और मैं,
बेवसी से उस जमीन को,
निहारती रही ,
कुछ इस तरह से कि,
अब तक जिए जिंदगी के लिए,
अब,
होम किया जीवन,
तुम्हारे लिए....

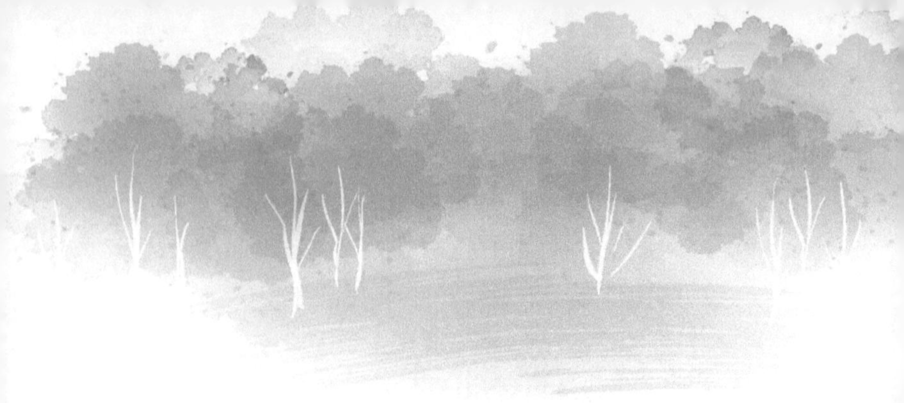

मेरे जिगर मैं,
शौक-ए-गुलशन का जूनून ,
पलता है हरदम.....
गर जूनून शौक-ए-मस्ती का,
होता तो,
फना हो जाते
इकदिन.....

मेरे इर्द-गिर्द ,
कुछ खिलते हुए फूल,
तो कुछ चुभते हुए कांटे हैं....
कुछ टिमटिमाते जुगनू,
तो कुछ पुच्छल तारे हैं...
भक्ति मार्ग पर चलते,
कुछ प्रेम पंथ के साथी,
तो कुछ सबके मन के प्यारे हैं.....

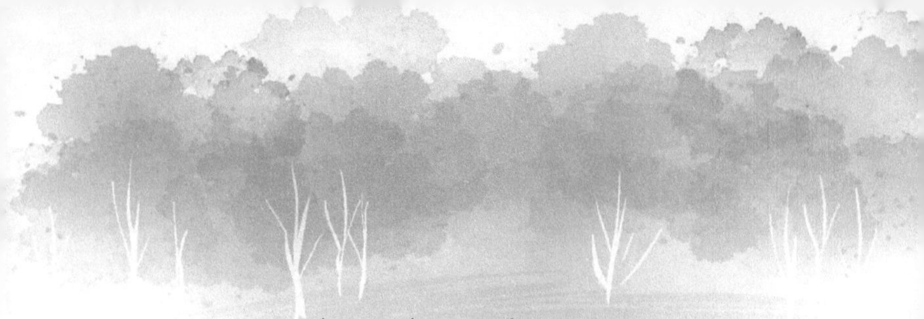

ये....... वो ...... और ..... तुम....
दर्द भरे लम्हें.....
बहता लहू....
रिस्ते जख्म....
बहते आसूं.....
धधकता इंतजार...
झूठी बातें.... झूठे वादे.... झूठे नाते....
झूठी रस्में.... झूठे रिश्ते......
मेरा कौन...... संशय.....
खास कौन..... असमंजस...
कौन वफादार..... भ्रमित मन.....
कौन हितेशी....... आश्चर्य
प्रश्नों पर प्रश्नों की झड़ी..... और अंत...
हर प्रश्न..... निरूत्तर.....
कौन अपना .... ये ...... वो
या फिर..... तुम

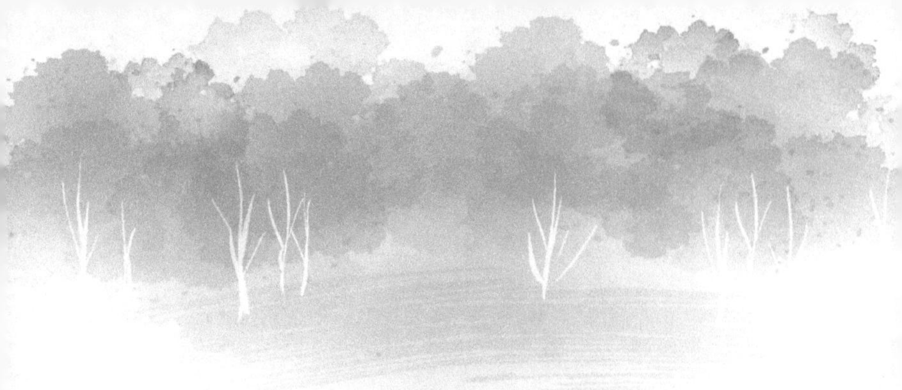

तुम्हारा ,
मजबूर होना भी,
कितना हसीन छल है …
कि,
तुम और मजबूरी,
चोली दामन की तरह हो
और मैं,
तुम्हारे और मजबूरी के,
दरम्यान,
एक लटकती हुई,
नंगी तलवार,
कि,
जिसकी म्यान बनी ही नहीं…

अफसोस,
कि उन्होंने मुझे,
महत्व देना बंद कर दिया....
और मैंने,
उन्हें रिश्तों का नाम,
देना बंद कर दिया ...

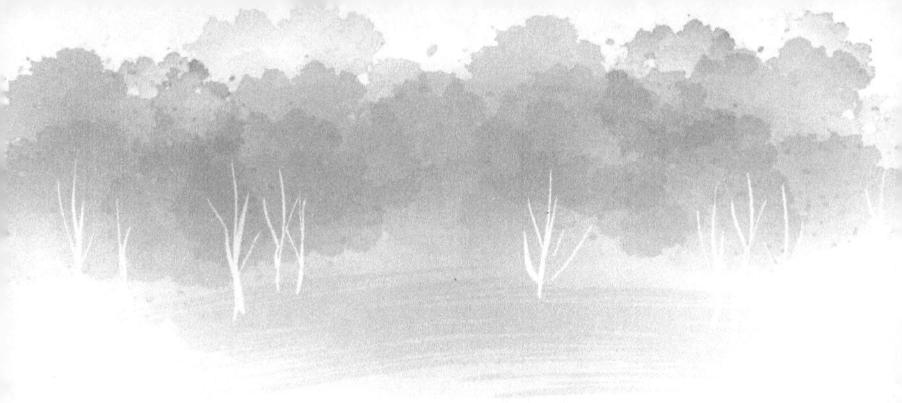

हर रिश्ते ,
आखों से लेकर, दिल तक,
और दिल से लेकर, जिस्म तक ,
खत्म नहीं होते....
कुछ रिश्ते दिल से, दिमाग तक और कुछ रिश्ते,
दिल से दिल तक खामोश हो जाते हैं....

वो,
जब यहां से निकलते है,
मैं ,
नजरे झुका लेती हूं...
वो,
जब भीड़ के जत्थे में होते हैं,
मैं खुद को भूला देती हूँ...
वो ,
जब नजरों से खता करते हैं,
मैं हंस के खिल्ली उड़ा देती हूँ.....
वो ,
जब भुनभुनाते हैं, मुझे देखकर,
मैं,
मुस्कुरा के भुला देती हूँ.....
वो ,
जब गुररांते है फराटे से,
मैं ,
सहम-सहम सी जाती हूँ....
वो ,
जब निकालते हैं, खामियों पे खामियां
मैं,
सहर्ष स्वीकार लेती हूँ....
वो
जब भुकूटी को तानते है,
धनुष बाण की तरह...

मैं,
तरकश में कमान रखती हूँ.....
वो ,
जब करते हैं छींटाकशी मेरे कृत्यों पर...
मैं ,
अपने कृत्यों को सुधार लेती हूँ....
वो ,
जब गुफ्तगू करते हैं इस अंदाज में,
मैं,
उनके हर शब्द, ठहाकों में उडा देती हूं.....

इक स्वप्न के खंडित होते ही,
दूसरे स्वप्न ने जन्म लिया..
कहीं गिरी घायल होकर,
कहीं उडते को घायल किया...
कहीं चरम नीचता की देखी,
कहीं नीचों से सरोकार हुआ...
कहीं मौन साध सेवक देखे...
कहीं चुप्पी को वाचाल किया....
कहीं अंग-अंग में हुई चुभन....
कहीं कांटों की अंगीकार किया ....
कहीं फूल से कोमल इस मन को
दुराचारी ने तार-तार किया ....

तुम,
एक पर्वत,
जहां उद्गम हुआ था...
तुम,
एक सागर,
जहां संगम बना था...
मेरे,
इस उत्थान,
पतन की कहानी
शायद,
तुमसा कोई
अब और सुनेगा

ये बात,
तुझे भाती नहीं,
कि मैं प्रथम हूँ, अंतिम नहीं...
बातों-बातों में ,
दर्द कितने बताये मैंने....
कि,
उस कराह की आहट,
तुझ तक आती नहीं....
लब्ज की खामोशियों से,
कई बार सजदा किया....
उन आंसूओं की नमी,
क्या तुझ तक जाती नहीं ...
मेरी रूह जलती मशाल है
क्या आंच तुझ तक आती नहीं....
ये शक्ल और ये सूरते,
रंगों से पुती कई मूरतें ....
हर रंग इक पहचान है,
इन रंगों में छिपी जलालते,
क्या तुझे,
समझ आती नहीं ....
हर तरफ इक पूंज है,
अटहासो के कई झुंड है....
उन झुड़ों में,
क्या मेरी तसवीर,
तुझे नजर आती नहीं ......

चौराहे पर ही है,
आशियाना मेरा,
पर मेरे आशियाने पे,
कोई गली जाती नहीं...
मैं शर्मसार हूँ,
इस राह पे,
तू हर रंग में सरोबार है..
इस कपट भरे बदरंग की,
क्या तुझे सुगंध आती नहीं....
न मैं धरोहर तेरी हूँ,
न तू मेरी जमीन है,
इस बात आन ओ बान की,
क्या तुझे समझ आती नहीं....
इस रंग बदलती दुनिया मैं,
कितना ,
माहिर बदरंग है तू
क्या ,
तुझे समझ आती नहीं
क्यों ,
तुझे समझ आती नही...
कि मैं प्रथम हूँ ,
अंतिम नहीं ....

मेरे अंदर की औरत को,
मारते हो तुम,
तुलना करके....
मेरे अंदर की औरत को ,
मारते हो तुम,
प्रशंसा करके....
मेरे अंदर की औरत को,
मारते हो तुम,
उल्हाना देकर....
मेरे अंदर की औरत को,
मारते हो तुम ,
ताना देकर....
मेरे अंदर की औरत को
मारते हो तुम,
अटहास करके
मेरे अंदर की औरत को,
मारते हो तुम,
प्रताड़ना देकर....
जब हर पल,
मारना ही है तो फिर,
यह प्यार का ढोंग कैसा, क्यों..... और
किसलिए......... किसके लिए.........

तुम ,
पीपल के पेड की मानिंद हो...
मैं चाहती हूँ कि ,
तुम्हारी जड़े,
गहरे पाताल में, धसंती जाएं...
मैं चाहती हूँ कि,
तुम्हारा मान,
धरा से ऊंचे नभ की और बढ़े.....
मैं चाहती हूं कि ,
तुम्हारी प्रतिष्ठा,
आकाश में बिखरे तारों सी,
विस्तृत फैलती जाए ......
मैं चाहती हूँ कि ,
तुम्हारी चांद सी,
ठंडक को,
सिर्फ मैं, मेहसूस करूं....
मैं चाहती हूँ कि
तुम मुझमें बसे रहो,
सासों के आने जाने तक....
और
मैं चाहती हूँ कि,
उस पीपल की छाया मैं,
मैं अलसाई सी पड़ी रहूँ .....

मैं,
कोई काष्ठ नहीं कि,
तुम इस्तेमाल करो,
मुझे जलाने के लिए ....
मैं,
तो हूँ आत्मा तुम्हारी,
महसूस करो तुम, सांसों में....
मैं,
कोई खिलौना नहीं,
कि तुम इस्तेमाल करो,
मुझे खेलने के लिए ....
मैं,
तो हूं परछाई तुम्हारी,
बंद करो, तुम पलको में ...
मैं,
कोई वस्तु नहीं, कि,
तुम इस्तेमाल करो...
मुझे आवश्यकता के लिए ....
मैं, तो हूँ दिल तुम्हारा,
महसूस करो तुम धड़कन में....

ये रागों, द्वेषों, दर्दों की दुनियां,
ये अपनों में उलझी,
बेकारों की दुनिया,
ये स्वार्थी, लोभी,
दलालों की दुनिया
ये खुद की जीती,
बंजारों सी दुनिया
ये कामी, ये क्रोधी,
नापाकों की दुनिया
ये सड़कों पे चलती,
नकारों की दुनिया,
हुआ मतलब पूरा, तो तुम कौन मैं, कौन,
ये चमचों से घिरी,
काफिरों की दुनियां ,
पटा गर कोई, तो है,
उसको पटाती,
गिरा कोई कोई तो है,
उसको गिराती,
ये झूठे रिश्ते, नातों की दुनिया,
दिखावे की दुनिया,
भूलावे की दुनियां
अनेकों रंगों में ,
रंगी है ये दुनिया,
बदरंगी सी ,
काफिरों की दुनिया..

सुनो तो,
तुम्हारे लिए मेरे शब्दों के मायने कुछ भी नहीं हैं.....
इसलिए तो, मैंने
अपने होंठ सी लिए हैं...
सुनो तो,
तुम्हारे लिए मेरा स्पर्श कुछ भी नहीं है....
इसलिए तो,
मैंने खुद को समेट लिया है...
सुनो तो,
तुम्हारे लिए मेरा एहसास कुछ भी नहीं है....
इसलिए तो,
पाषाण सी हो गई हूं....
सुनो तो,
तुम्हारे लिए मेरी चाह कुछ भी नहीं है
इसलिए तो, अंजान सी हो गई हूं...
सुनो तो,
तुम्हारे लिए,
मेरा इंतजार कुछ भी नहीं है....
इसलिए तो गुमनाम सी हो गई हूं...
सुनो तो
तुम्हारे लिए,
मैं कुछ भी नहीं हूं...
इसलिए तो,
सुन्न सी हो गई हूँ...
सुनो तो,

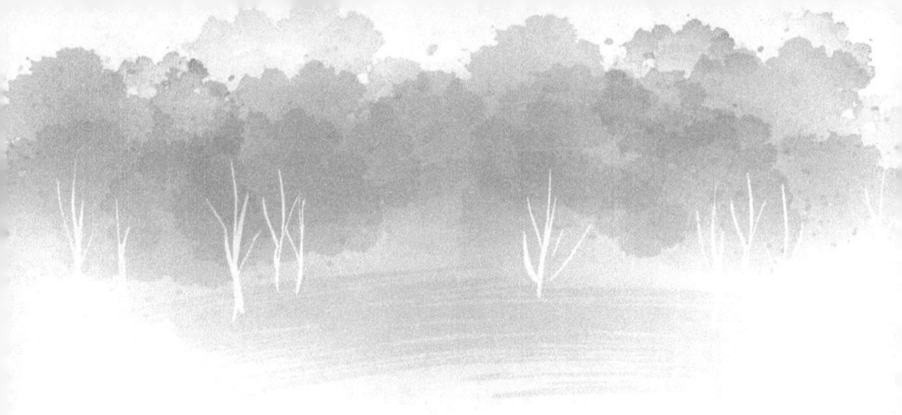

सुन भी लो..... तुम्हारे लिए मैं....
मात्र रेत का कण हूं.....
इसलिए तो.....
वीरान हो गई .... मैं... वीरान हो गई हूँ....

जब तुमने,
कुछ कहा था और मैंने कुछ सुना था
उस कहने में चिंतन था...
उस सुनने में मनन था..
हर दूर
चमकती चीजों में सोने सा
खारापन था...
कहीं अतृप्त जीवन था, कहीं जलता यौवन था...
पल-पल गुम होती पहचानों
का,
यह अजीब संगम था.....
"बस"
एक यही चिंतन था,
इस चिंतन में
भी मनन था ...

कि तू,
यूं न कर
मेरी तारीफें ....
के तेरी इन तारिफों से ,
मेरे सपनों का चमन ,
लहराने लगता है.............
कि तू,
यू न कर मेरी तारीफे,
के तेरी इन तारीफों से,
मेरा मन टेसू-टेसू,
खिलाने लगता है........
कि तू – यू – न कर,
मेरी तारिफे,
के तेरी इन तारिफो से ,
मेरा मन,
गुलाल उड़ाने लगता है....
कि तू, यू ना कर,
मेरी तारिफे ,
के तेरी इन तारिफों से,
मुझमे इक,अजब सी ,
मदहोशी छाने लगती है ...
कि तू यू न कर मेरी तारीफे,
-के-तेरी इन तारिफो से,
जिन्दगी हर गज,
फिर से गुनगुनाने लगती है.......

मैं तुम्हारी कुछ नहीं,
फिर भी तुम्हारी चाह हूँ....
और तुम मेरी उसी चाह का,
अनुभव हो...
तभी तो अनुभव हुआ,
तुम्हारे कठोर वचनों का,
तुम्हारी बेरूखी बातों का,
तुम्हारी मजबूर चाहत का ,
तुम्हारे बेबस जीवन का,
तुम्हारे झूठे अहम् का,
तुम्हारे खोखले आदर्शों का,
तुम्हारे रूढीवादी सिद्धान्तों का,
और सिर्फ अपने स्वार्थ का,
और इन्हीं बातों ने मजबूर किया,
मुझे चरित्रहीन कहलाने के लिए..

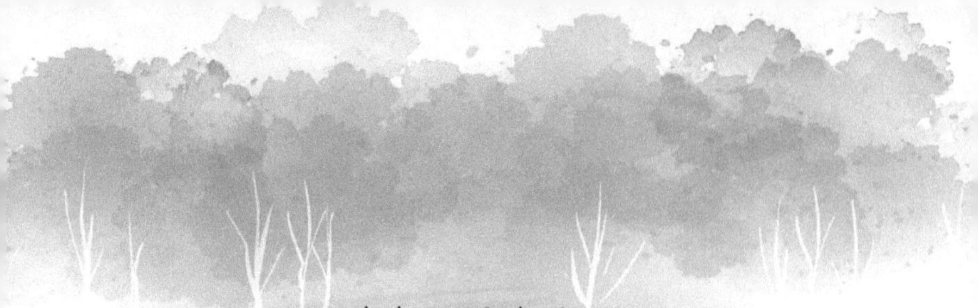

मैं तो तुम्हारी हो ली,
पर,
मैंने चाहा था, रंगना तुम्हें अपने रंग में,
और
तुमने चाहा था, रंगना मुझे अपने रंग में,
पर,
तुम इतने चिकने थे, कि रंग हमारा न
चढ़ सका तुम पर,
और
हम इतने गहरे थे कि, रंग उतर न सका,
तुम्हारा हम पर,
आज,
तन-मन रंगे हे- हमारे-तुम्हारे,
होली के हर रंग में,
पर,
मनों पर चढ़े है- आज भी,
अपने-अपने रंग ही .....

मैं और मेरी परछाई ,
अक्सर बाते करते हैं...
इस अपनेपन के पीछे,
कितने घिनौने चेहरे रहते हैं...
मैं और मेरी परछाई ,
अक्सर विस्मित होते हैं....
इस मतलबी दुनिया के,
आखिर क्या मायने होते हैं....
मैं और मेरी परछाई,
अक्सर अचंभित होते हैं.....
स्वार्थ के रिश्तों को छोड़ो,
खून के रिश्ते कैसे होते हैं....
मैं और मेरी परछाई,
अक्सर सवालिया होते हैं...
इस दुनिया के झमेलों से, कब तक फारिग होते हैं....
मैं और मेरी परछाई,
अक्सर बाते करते हैं....
इस रंग बिरंगी दुनिया के आखिर कितने रंग होते हैं...
मैं और मेरी परछाई,
अक्सर सोचा करते हैं....
यह दुनियां कितनी मतलबी है, इस पर हैरत करते हैं .....

कभी मैं पहाड़ जैसी,
कभी पहाड़ मेरे जैसे,
हम दोनों ही एक दूसरे के,
पूरक और तुम...
एक अजनबी मुसाफिर की तरह,
जिसे पहाड़ो के रमणीक दृश्य
अच्छे लगते है ,
पर,
पहाड़ों पर रहना कतई
अच्छा नहीं लगता ....

www.ingramcontent.com/pod-product-compliance
Lightning Source LLC
LaVergne TN
LVHW041551070526
838199LV00046B/1901